毅力

自律程度决定人生高度！

个人潜能管理大师 ［美］吉姆·兰德尔（Jim Randel）著 舒建广 译

THE SKINNY ON WILLPOWER:

How to Develop Self-discipline

湖南文艺出版社
HUNAN LITERATURE AND ART PUBLISHING HOUSE

博集天卷
CS-BOOKY

THE SKINNY ON WILLPOWER: HOW TO DEVELOP SELF–DISCIPLINE
Copyright © 2009 BY JIM RANDEL
Author: JIM RANDEL
This edition arranged with RAND PUBLISHING LLC
through BIG APPLE AGENCY, LABUAN, MALAYSIA.
Simplified Chinese edition copyright:
2021 China South Booky Culture Media Co.,Ltd
All rights reserved.

著作权合同登记号：图字 18-2020-151

图书在版编目（CIP）数据

　　毅力 /（美）吉姆·兰德尔（Jim Randel）著；舒建广译 . -- 长沙：湖南文艺出版社，2021.7
　　书名原文：THE SKINNY ON WILLPOWER: HOW TO DEVELOP SELF–DISCIPLINE
　　ISBN 978-7-5404-8824-6

　　Ⅰ.①毅… Ⅱ.①吉… ②舒… Ⅲ.①自律—通俗读物 Ⅳ.① C933.41-49

中国版本图书馆 CIP 数据核字（2021）第 058819 号

上架建议：成功 / 励志·性格习惯

YILI
毅力

作　　者：［美］吉姆·兰德尔
译　　者：舒建广
出 版 人：曾赛丰
责任编辑：刘雪琳
监　　制：于向勇
策划编辑：布　狄
文案编辑：王成成
版权支持：刘子一
营销编辑：王　凤　段海洋
版式设计：李　洁
封面设计：利　锐
出　　版：湖南文艺出版社
　　　　　（长沙市雨花区东二环一段 508 号　邮编：410014）
网　　址：www.hnwy.net
印　　刷：三河市中晟雅豪印务有限公司
经　　销：新华书店
开　　本：875mm×1230mm　1/32
字　　数：136 千字
印　　张：7.25
版　　次：2021 年 7 月第 1 版
印　　次：2021 年 7 月第 1 次印刷
书　　号：ISBN 978-7-5404-8824-6
定　　价：48.00 元

若有质量问题，请致电质量监督电话：010-59096394
团购电话：010-59320018

致中国读者

感谢您阅读"简单有趣的个人管理"书系，我的核心目标是用轻松有趣的方式来帮助您提升个人管理技能。

或许，您会对这套书的出版经历感兴趣。大概 10 年前，这套书在美国出版，随即被引进中国，与中国读者见面了。令人难以置信的是，2018 年，这套书中的两本登上了美国本版图书中文引进版畅销排行榜，并持续在这个榜单上保持着前 10 名的好成绩。

截至今日，"简单有趣的个人管理"书系已在中国销售了近百万册，我们也因此得以在印度尼西亚、马来西亚、泰国、韩国和越南等国陆续出版这套书。

我创作这套书是为了更好地尊重每位读者的时间与精力。我们每天都能获取海量的信息，因此应该有人对其进行筛选与整理，供更多的人学习与使用。

虽然这套书采用的是极简的绘画设计风格，但内容却经过了长时间的打磨。在写作每本书时，我都做了大量的功课，希望能以轻松有趣的方式为您提供您所需的知识。

最后，献上我最诚挚的祝福。

吉姆·兰德尔
2021 年 5 月

关于本丛书

欢迎您阅读本丛书。本丛书用一系列图画、对话和文本来传递信息，既简洁明了，又赏心悦目。

在我们这个惜时如金而又信息如潮的时代，大多数人挤不出时间去进行阅读。因此，我们对重要问题的理解往往浮光掠影——不像长年累月专注于此类研究的思想家和教师那样见解独到、入木三分。

这套丛书旨在解决这一问题。为了把这套丛书呈现给你，我们的作者和编辑团队做了大量的工作。我们阅读了手头可找到的与主题有关的一切材料，同时与专家做了深入交谈。然后，结合自己的经验，提炼出这一系列丛书，期望你读后能有所受益。

你可以把我们的书当作一种浓缩学习。你只需要花费一个或两个小时的时间来阅读本书。我们敢保证：你的收获将超过你花费几百个小时，来阅读几百本有关同一主题的作品。

我们的目标就是让你阅读。故此力求聚集要点、提取精华，集教育意义和阅读乐趣于一书。

本书设计简约，但我们对待其中的信息却极其严肃认真。请不要把形式和内容混为一谈。你阅读本书投入的时间，必将会换来无数倍的报偿。

前 言

多年来，我一直在对成就的实现过程进行研究。

我阅读了我所能找到的关于这个主题的所有著作；我对那些高度成功的朋友和熟人的成功之道进行了分析；我还用我自己的生活做了实验。

以下是我得出的结论：

99%的个人实现他们理想的原因，不是因为他们有特别好的天赋，特别聪明，特别漂亮，或者甚至特别幸运，而是因为他们有勇气、有胆识采取行动去追求他们的梦想，并在挫折面前百折不挠。

我写作本书的原因之一是：我担心那些心怀梦想的人，可能会被某些作者的某些信息搞得心烦意乱、无所适从。比如以下这一条：

"整个宇宙在为你加油喝彩。在你需要时，你只需把你的信仰置于宇宙之中，然后耐心地等待，那么，你的愿望就一定会实现。"

我不相信这样的言论。我见过有人交了好运（我"祝福他们"）。但是，我看到：99%的人实现他们的梦想，靠的是勤劳、决心、毅力和勇气。换句话说，如果你想让你的生活中有什么好事发生，你就必须从沙发上站起来，让它们去发生。无论你的目标是减肥，还是赚100万美元，还是写一本畅销书，或者成为一名电影明星，你都必须准备好为之付出代价。那些实现了自己梦想的人，通常都是因为具有坚忍不拔的毅力而有别于他人的。

　　你将要读到的这本书，将通过对毅力这一主题进行分析，使你一步步接近你的梦想和目标。就像第 26 届美国总统泰迪·罗斯福（Teddy Roosevelt）所说："有了自律能力，没有什么事情是你做不到的。"

导 言

毅力——行动的力量，或者追求目标过程中的自我克制——是成功的一个决定性因素。

对于任何目标的实现，付诸行动都是必不可少的（"我应该去健身房了"），自律能力也是必不可少的（"我不应该再吃甜点了"）。一个人的行为如何响应他的思想，是这个人毅力强大或毅力缺失的表现。

弗洛伊德（Freud）把人的内心描述为"竞技场、角斗场，是一个发生对抗性冲突的战场"。这就是为什么人们需要毅力。我们发现：在同压力、冲动或诱惑进行抗争的时候，有时候人们很难找到适当的措施。

在为写作本书做准备的过程中，我们阅读或聆听了所有能够找到的关于毅力和自律这一主题的资料——包括书籍、文章和光盘。我们同教授和研究人员做了深入的交谈。我们花了数小时时间，在网上寻找分析结果。我们采访了多名非常成功的人士——电影和电视界名人、专业人士和奥林匹克运动员、著名政治家、世界财富 500 强公司的首席执行官，以及真正富有的企业家。我们的结论一方面来自个人经验，另一方面是我们从别人那里学习和借鉴的结果。

我们的目标，就是要把我们所了解到的东西与你分享。我们希望通过这种方式，使你获得思路，调整行为，培养毅力，以便实现你所要达到的个人目标。

　　所以不要担心。你只需花大约一个小时，就能读完比利和贝丝如何调动他们的意志力，并最终实现目标的故事。我们希望在阅读结束时，您会获得关于该主题的更加清醒的认识，从而一步步实现自己的愿望。

"把一个人与他人
区别开来的品质之一
——使一个人实现理想，
而使另外一些人陷入平庸之泥潭
的关键——不是天赋，
不是教育背景，也不是智商。
它是一种自律能力。
有了这种自律能力，
就没有什么事情是不可能的。
没有它，即使是最简单的目标，
看上去也可能就像白日做梦。"

——泰迪·罗斯福

1月1日

"我们的故事开始了……"

"这是我，
吉姆·兰德尔。" →

这是比利和贝丝，我们故事的男女主人公。
他们过着幸福的婚姻生活。

"你在做什么，
比利？"

"我正在写我的
新年决心书。"

"哇，你能告诉我你
写的是什么吗？"

"我决定要
减轻 10 磅。"

哇，他又增加了好几磅！

"好了，比利。你看上去就像一根棍子。"

"谢谢你，贝丝。不过我想要减肥了。我已经对自己做了承诺。"

"很好，比利。我会一直陪着你。来，在你的肚腩消失之前让我揉揉，祝你好运！"

但贝丝怀疑，比利能否把减肥坚持下去。
过去她见识过他半途而废。

如果他能放弃吃棉花糖的话，那我会大吃一惊的。

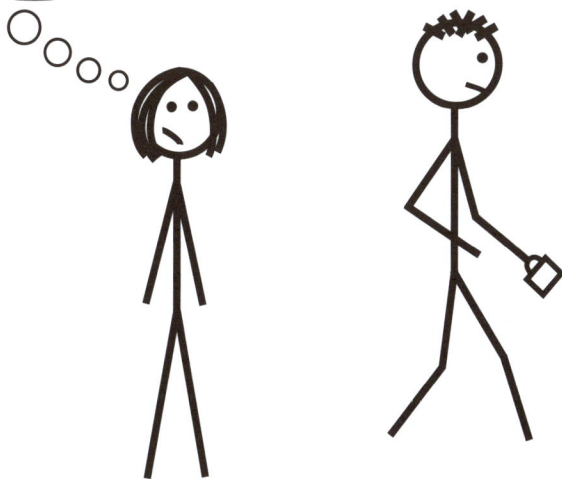

比利吃棉花糖成瘾了吗？

嗯，不只是棉花糖——比利喜欢吃所有的甜食。

让我们把棉花糖作为一个引子，来告诉你有关毅力这一话题的一个最著名的研究吧。

早在 1960 年，斯坦福大学心理学家沃尔特·米歇尔（Walter Mischel）博士选取了这样一组不大可靠的群体来验证他的理论：**四岁的儿童**！

下面是具体操作：

让 30 个四岁儿童待在教室里。教师站在教室前面，手里拿着一个托盘，上面装满了棉花糖。老师说：

"现在你们每个人都可以得到一块棉花糖。但是，我现在要离开一会儿。如果谁能等到我回来再吃的话，他就可以得到两块棉花糖。"

这项测试对每一个四岁儿童来说无疑都是种考验。结果，大约三分之一的孩子马上拿走了一块棉花糖。

其他孩子则决定尝试等待。他们中许多人找到了分散自己注意力的方法。

一些孩子用手捂住眼睛……一些孩子自言自语或给自己唱歌……一些孩子玩自己的小手小脚……有些孩子则设法睡觉。

棉花糖的疯狂

大约 15 分钟后（我敢肯定，这个时间对这些孩子来说像一生一样漫长），老师回来了，那些没有去拿那一块棉花糖的孩子得到了两块棉花糖。

有趣的是：

14 年后，这个小组的 30 名学生高中毕业时，又接受了一次调查。

米歇尔博士用不同的标准对这些学生的表现进行了比较，包括学业成绩、社交技能和受欢迎程度。他发现：一般来讲，那些在四岁时有毅力等待两块棉花糖的孩子，在高中期间各方面的表现都更加出色。

当然，这只是对于"毅力—成就"关系的一个粗略测试。作为本书读者，如果你家里有一位缺乏耐心的四岁儿童（真有足够耐心的四岁幼儿吗？），不用担心：

心理学家认为，在孩子年轻的生命过程中，不同的孩子都会在不同的阶段，获得他们所需要的毅力。成年人也可以在任何年龄段，增强他们的毅力和自律能力。

1
2

贝丝对比利的毅力缺乏信心。

"比利，你又吃了一整袋
棉花糖，是不是呀？"

"我吃了吗？？？"

比利也担心自己减肥的毅力。

然而，和他以前所做的尝试不同，这一次，为了坚持
到底，他采取了两个重要步骤。

1

他**确定**了具体的减肥重量。

2

他对自己做了**承诺**（签了合同）。

比利表达了他那钢铁般的坚定决心。

1. 设定具体目标的重要性

无数研究显示：当人们用具体的条文对他们的目标进行定义后，他们成功的可能性就会大大增加。

例如，大多数制定了明确目标的减肥者（"我要**减轻10磅**"），比那些目标含糊不清的减肥者（"我要瘦下来"）的减肥效果要好得多。

在一本研究人类行为的优秀教材中，艾奥瓦大学的约翰马歇尔·里夫（Johnmarshall Reeve）教授用若干插图描述了这样一个过程：当我们**确切地知道需要去做什么的时候**，我们会做得更加成功。

——里夫，
《**理解动机和情感**》
（*Understanding Motivation and Emotion*）
（Wiley 出版社，2008 年版）

16

里夫教授告诉我们：在所有领域中，那些目标明确的人都比那些目标不明确的人做得要好。

在一项针对小学生的研究（为什么研究者总是爱挑孩子做实验呢？）中，学生们被分为具有同等运动能力的两个小组。一组学生设定了特定的目标，比如仰卧起坐的个数；另外一组则不设定目标。两分钟后，设定目标的小组所完成的仰卧起坐的个数，大大超过了没有设定目标的小组。

相同的结果出现在许多其他研究领域。设定目标的伐木工的工作成果，比没有设定目标的伐木工要更多更好。文字录入员和卡车司机的情况也是如此。

里夫教授说："在你告诉一名执行者'要尽最大努力去做'的时候，乍听起来好像是给他设定了目标，但实际上，这只是一个模棱两可的要求而已，你并没有讲清楚具体要求此人做什么……把模糊的目标变成具体的目标，通常需要用表示数值的词语来进行描述。**目标明确是很重要的，因为明确的目标可以减少思想上的歧义和执行中的变异。**"

（补充强调）

2. 对自己做出承诺的重要性

看待毅力的一种方式是：把它当作目标制定者和他自己签订的合同的贯彻执行。

"我最终要 _____"（在空格中填上你的目标）。这是我们经常对自己说的一句话。

那些把这句话当作一种**不可违反的合同**的人，常常能够找到他们所需要的毅力和决心来完成他们的目标。

"自律是你同你自己之间的一种合同。在任何情况下，你都必须遵守这个合同。你自己就是警察；一旦你违反了规则，你将必败无疑。"

——哈里斯·克恩（Harris Kern），

《自律》（*Discipline*）

（1st Books 出版社，2001 年版）

演员金·凯瑞（Jim Carrey）的故事是关于成功学问的最伟大的故事之一。

身无分文的凯瑞来到洛杉矶，决心要开创他的演艺事业。于是，他同自己签订了一个合同：

他实际上还给自己写了一张 1000 万美元的支票，不过他把日期填迟了 5 年。

4 年后，他的《神探飞机头》（*Ace Ventura: Pet Detective*）以及其他几部大片获得了成功。实际上，凯瑞这个时候已经能够兑现他开给自己的那张支票了。

"嘿，你好！我想兑换一张 1000 万美元的支票。"

银行

那见鬼的警报器按钮在哪里？

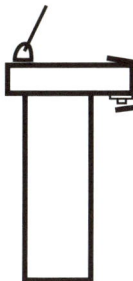

当然，金·凯瑞的成功，在很大程度上归功于毅力。

当他从家乡加拿大来到好莱坞时，那里并没有制片人张开双臂热烈地欢迎他。他不得不披荆斩棘，杀出一条血路，到处去试镜。甚至当所有迹象都显示他前途渺茫的时候，他还是紧紧抓住自己的梦想不放。

然而，通过给自己开一张支票的方式，凯瑞建立了一个积极的信念，即：他将会成功。他和自己签订了一份合同（一张填迟日期的支票），而且他把目标定得很明确（1000万美元）。

下面是凯瑞说的一段话：

"当我在这个城市（好莱坞）无事可做的时候，我就每天晚上开车上山，坐在穆赫兰（Mulholland）大道上，眺望着这个城市，张开双臂，说：

'每个人都想跟我合作。'

"我一遍又一遍地重复这句话，以便从字面上让我坚信：好几部影片已经准备就绪，并即将投入拍摄。我开车下山的时候，也把这个愿望随身带上，并说：

'电影拍摄的安排已经在那儿恭候多时了，
我只是还没有接到通知而已。'"

凯瑞的故事说明了：

积极思考的力量

诺曼·文森特·皮尔（Norman Vincent Peale）博士写的《积极思考就是力量》（*The Power of Positive Thinking*）（Fawcett，1952），也许是关于如何成就理想这个主题的最著名的书籍了。

皮尔认为：每个人的内心深处都有一股力量，它能够使我们实现自己的目标和梦想。关键是要激活这股力量，并全心全意地向着我们的目标努力：

"很多人被生活击败，不是因为他们没有能力，而是因为他们缺乏全心全意的精神……要毫无保留地把自己的每一滴心血都奉献出来。生活是不会对那些向它慷慨解囊、倾其所有的人关上大门的。"

皮尔认为：毅力和决心，也就是在挫折面前坚强不屈的意志，是成功的关键。

"总而言之，有太多的人被日常生活中所遇到的困难击倒在地了……（但是）通过学习如何把（消极的想法）从头脑中去除，通过拒绝在精神上向困难屈服，并通过向你的思想注入精神力量，你就能克服这些通常会置你于死地的艰难险阻。"

诺曼·文森特·皮尔博士

正如你所看到的，皮尔博士以及以上许多作者都谈到要实现人生目标，就必须培养积极的心态。

当然，我也同意这个观点。

但这样一来，我不禁要问：

一个人应该如何来培养自己积极的心态呢？

当然了，有些人很幸运，他们天生就乐观向上、积极进取。然而，对大多数人来说，积极的心态是一种需要时间来培养的东西。

在以下几页里，我们将讨论：应该采取哪些步骤，来帮助你培养自信和乐观的态度，以便使你达成你所需要完成的目标。

对于培养积极的心态，这里有三条建议。以后我们还将会更加详细地进行讨论：

1

把挑战分割成小的、易于管理的小块。在每一小部分取得成就后，你的信心会随之增长，这会让你更有信心去迎接更大难度的挑战。

2

教会自己**把消极态度抛之脑后**。实际上，伟大的武术家李小龙的做法是，把消极的想法写在一张纸片上，然后用火把纸片烧掉。

3

在以下事实中**找到力量**：你是自然界成千上万年进化的结果，而且，作为一名幸存者，你已经具备了能力去实现自己的目标——你只需去激活它们。

回到比利

和贝丝那儿去

那天晚上

"比利，你的做法让我深受鼓舞……我也为新的一年下了一个决心。"

"太好了，贝丝。你的决心是什么？"

"嗯，你知道我一直梦想开一家属于我自己的服装店。我终于要动手了！"

"那好极了，贝丝。我敢肯定，你一定会取得巨大的成功。"

吻

比利和贝丝如此积极地支持彼此的新年决心，他们真是太可爱了。当他们的毅力减弱的时候，他们可以从对方那里获得力量。

但另一方面，一些作家却建议人们不要把自己的决心透露给别人。因为除了自己非常亲密的朋友以外，总会有人唱反调，而他们的言论很可能会削弱你的毅力。

当金·凯瑞来到好莱坞的时候，如果他告诉他的伙伴们他给自己开了张 1000 万美元的支票的话，你是否能听到他们的笑声呢？

也许现在该提出有关毅力
和成就的另一个观点了：

不存在适合所有人的
方法！！

对一个人来说是最好的事情，对另一个人来说，不一定是最好的。

比利和贝丝选择向对方分享自己的决心，并获得了对方的支持。我倾向于把自己的愿望藏在心里。

你呢?

33

如果你想把自己的愿望藏在心里的话，请把你的愿望写在这里：

_____。

为什么呢?

因为这样一来，你就不会把这本书给别人看了，我就可以卖出更多的书了。

这可能是目前为止最给力的一个幽默了。

**比利和贝丝正在比利的母亲
那里吃晚饭。**

让我们去看一下。

"哎呀，妈妈，你做的晚餐简直太棒了！"

"哦，我们还没吃完呢。我烤了你最喜欢吃的巧克力蛋糕作为甜点。"

"噢，不了。谢谢你，妈妈。我刚刚开始节食，我不吃甜点。"

"别傻了。就吃一小块。"

比利的妈妈说得对吗？

"凡事都要适可而止。"

嗯，许多研究毅力的思想家会对这一说法提出疑义：很多时候，人需要采用"冷火鸡"做法—— 一种"孤注一掷"的方法——例如：在达到减肥的目标之前，一点甜点都不吃。

适度的问题在于：它需要**特别地做出决定**，而这反过来也需要能量去控制。

例如，在比利每次想要吃糖果时，他都必须决定是否要放纵自己。**在进行考虑的过程中，将会耗费能量——**而他需要保存这些能量，以满足维持其毅力的需要。

而且，正如我们将在本书中一次又一次地讨论的那样，在当你需要时保持自律的问题上，**正确运用能量**是一个很重要的问题。

今天我摄入了大约1500卡路里……或者2000卡路里？这块蛋糕有300卡路里。我明天可以去跑跑步。那将会燃烧400卡路里。

下面有三位专家谈到了"孤注一掷法"：

1
杰克·坎菲尔德（Jack Canfield）

坎菲尔德是非常成功的心灵鸡汤系列丛书的作者。坎菲尔德也写过有关成功这个主题的书——《成功的原则：如何达成自己的理想》（*The Success Principles: How to Get from Where You Are to Where You Want to Be*）（哈珀·柯林斯出版社，2005 年版）。

在这本书里，坎菲尔德讲了他的"无一例外原则"。

"成功人士在他们的日常自律问题上，坚持'无一例外原则'。一旦你对某件事情百分之百地投入，那就不可能再有例外。它已经是个铁定的事实了。事情已成定局，再没有商量的余地！

"（一旦决定做出），我就不会再天天为此操心劳神。它已经成为事实了。木已成舟，覆水难收。退路已被全部封死。这样能够使生活更轻松、更简单，可以使我把精力集中在关键问题上。这会让你节省'成吨'的能量，省得你把这些能量花在一遍又一遍的无休止的自我纠结上……而我可以把节省下来的这些精力用在创造其他成就上面。"

2
威廉·詹姆斯博士（William James）

然后是美国最伟大的心理学家威廉·詹姆斯。

詹姆斯是从哈佛大学走出来的大师级人物，他在 1890 年完成了他的长达 2900 页的杰作《心理学原理》（*The Principles of Psychology*）。

就像罗伯特·理查森（Robert Richardson）在为詹姆斯写的传记里所记叙的那样，他的观点是：当需要采取行动（或需要克制消极行动）时，考虑得越少，效果越好。

他说："我们越是进行思想斗争和自我辩论，我们就越会进行反思和延迟行动，而我们采取行动（适当行动）的可能性就会越小。不要等到你感觉身体好了才去健身房；只有去了健身房，你的身体才会变得更好。"

——《**威廉·詹姆斯**》（*William James*）
（霍顿·米夫林出版公司，2007 年版）

作者的话

正如你所知，我们这套**丛书**所坚持的是："少即是多"—— 一名作家应该努力做到，用尽可能少的语言来表达他或她的思想。那就需要改了又改——要尊重读者的时间和精力。

威廉·詹姆斯在向出版商递交他那部 2900 页的心理学专著时，也表达了相同的观点：

"如果再给我 10 年时间，我一定把这本书改写成一部 500（页）的著作，而不是像眼下这个样子……庞大臃肿、洋洋洒洒、令人憎恶……"

为了和坎菲尔德与詹姆斯进行对照，下面选取了一位不相信"孤注一掷法"的专家：

3
霍华德·兰金博士（Howard Rankin）

兰金就职于伦敦大学成瘾行为研究所。他是研究自我控制的一名英国心理学家。他的研究使他相信：**毅力的培养应该循序渐进。**

兰金不相信"孤注一掷"的方法，因为他觉得："剥夺是失败之母"；换句话说，如果我们对自己要求过于严格，我们的斗志很可能会因此而削弱。

兰金关于自我控制的方法，是他所谓的"分级曝光法"，实际上就是通过小的、循序渐进的步骤培养毅力。

例如他建议：像比利这样的、见到糖果就坚持不住的人可以按照以下几个步骤去做：

（1）站在糖果店门口，透过玻璃往里看，但不要进去。

（2）过几天后，走进糖果店，然后立刻走出来。

（3）再过几天后，走进糖果店，在那里停留 10 分钟，但不要买任何东西。

（4）再过几天后，走进糖果店，只买一小块糖果。

关键在于：每走一步，
他或她都会培养出一些抵抗诱惑的能力。

"随着你的自信心的增强以及当你了解了进行自我控制的感觉如何时，你就能应对更加困难的局面了。"

对于"孤注一掷法"和"适可
而止法"的争论，孰是孰非，
难以分辨。

适合自己的就是最好的。

对我来说，"孤注一掷法"是最有效果的，因为我发现，在我同自己较上劲的时候，我更容易坚持自己的目标。例如，假如我计划每周跑步三次，我发现，如果事先设定好了跑步的日期，那么，无论发生什么情况（包括天气变化），我都会按时去跑。

另一方面，我的妻子却认为我行为怪异。如果让她设定一个雷打不动的目标，她会觉得她被装进了一个盒子，从开始就会感觉不舒服。结果，她总是千方百计地想法逃离那个盒子——因此，"孤注一掷法"对她不起作用。

我妻子喜欢讲的故事是：一次我在减肥的时候，拒绝了她给我的一块M&M糖果。我告诉她，如果我吃一块，我就可能接着吃两块，最后我就可能吃一整袋。这一事件使我的妻子（她能做到吃一块糖果后，不再吃第二块）对我感到迷惑不解。

让我们回来看一下

比利和贝丝。

上次我们见到比利时，

他正为是否吃一块

他妈妈做的巧克力蛋糕

而犹豫不决。

哎哟!

说明:"甜点"(desserts)

一词反过来念的意思是:

"有压力的"(stressed)。

48

第二天，比利去参加瑜伽训练。

"好漂亮的下犬式动作，比利。但是今天你看起来有点心烦意乱。"

"我在减肥，但我有点坚持不下去了。"

"你打算减掉多少磅啊，比利？"

"我可以站起来了吗？我的腿都疼了。"

"我现在感觉好点了……我的腿真的好痛……我想减掉很多……你不觉得我需要减肥吗?"

"瑜伽导师可不喜欢做判断,比利。"

"哦!好吧……但我想我需要再瘦一点。"

"比利，有一句古老的佛教用语是这么说的——**心之所愿，身相随之。**"

"这是一句佛教用语？"

"事实上，我也不太清楚。我只是想把事情解释清楚。我发现这句话可以净化心灵。祝你好运，比利。"

不管那句话是不是编造的，比利的瑜伽教练确实问了比利一个很重要的问题。

他真的想要减肥吗？

抑或这只是他在一年中最重要的日子——新年这天所做出的希望改变现状的一厢情愿的承诺？事实上，也许在比利的内心深处，他那多余的体重根本就不算什么。

问题的关键在于：在你向任何事情发起挑战之前，你必须确定你是否真的非常非常希望去实现这个目标。

**在研究毅力的过程中，
我得出的最重要的结论之一是：
你的毅力与你追求该目标的迫切程度成正比。**

事实上，有人可能认为自律能力的问题的确可以用一个人对以下问题的回答进行衡量：

"你到底有多想得到它？"

正如里夫教授所言，如果一个人的动机源自其内心深处深切的个人信念，那么，他比那些动机受外部利益（如金钱）所驱使的人，更有可能实现他的目标。

"当人们所追求的目标能体现其内在动机的时候，他们才能体验到自己的最佳作用和纯粹的幸福……那些在生活中追求其内在动机的人，往往表现出更大的自我实现意识和主观能动性……"

——《人的动机和情感》

(*Human Motivation and Emotion*)

（Wiley 出版社，2008 年版）

"成功与毅力是由你所选择的价值而决定的。"

——吉莉恩・赖利（Gillian Riley），

《毅力》（*Willpower!*）

（Vermillion 出版社，2003 年版）

吉莉恩·赖利在她的《毅力》一书中，讲述了一个肥胖女人在长达 20 年的时间里，与她的体重做斗争，终于在几个月内减重 70 磅的故事。那么，她的内在动机是什么呢？原来她发现她的儿子需要做肾移植手术，而她是一个配型成功的供体。但只有在她的体重减下来以后，医生才会给她做手术。

"我发现，我从未有过如此强大的毅力。"

在许多方面，毅力可以归结为：

（1）意识——对你的行为（或不作为）保持清醒的认识。

"比利，你刚刚又吃了一整包棉花糖。"

"我吃了吗？？？"

（2）把握自己的选择——确认你的行为（或不作为）都在你的控制范围之内。

（3）做出正确的选择——当你被牢固的价值观所驱使的时候，事情就容易多了。

一旦你确定了目标，

并对其价值进行了评估，

你的挑战心理
自然会抵抗负面压力，

并使你日复一日地
采取相应的行动。

"我从 1 月 1 日开始讲述比利和贝丝的故事，这不是一个偶然的巧合。因为那是新年的第一天，很多人都在那一天立下自己的新年决心和目标。问题是：绝大多数人并没有坚持他们的承诺。在 1 月 1 日看起来还是雄心勃勃的东西，不到 1 月 10 日，就似乎已经凋谢枯萎了。"

"从任何意义上讲，自我提升都是一项艰难的挑战。大多数人在着手开始一项自我完善计划时，都是热情高涨……然而，一旦出现什么差错……他们（时常）就会早早地停下前进的脚步。"

——安德鲁·杜布林（Andrew DuBrin）博士，
《做到这一点》（*Getting It Done*）
（Pacesetter 图书公司，1995 年版）

下面的事实是否会让你大吃一惊：

一月份参加健身俱乐部的人

比其他月份都多？

但等到三月份，

大多数新成员就都已经退出。

如果你不相信，请看下面的报告（用了 28 页纸，进行数学分析后得出）。其结论为：每年元旦那天，许多人高估了自己的意志力。

"合同选择。在 0 时，签署合同（T'、L'、p'）的消费者所希望获得的净收益为：

$$\beta\delta\left[-L + \frac{1-\delta^{T'}}{1-\delta}\int_{-\infty}^{\beta\delta-p'}(\delta b - p' - c)dG(c)\right]$$

"我们的调查结果难以与正常时间的参数和合理的期望值相一致。有**一种模型……即对自我控制力的过度自信可以解释这一发现。**"

——德拉 · 维格纳和马尔门迪尔
（Della Vigna and Malmendier），
《自我控制的过高估计：来自健康俱乐部行业的证据》
（*Overestimating Self-Control:Evidence from the Health Club Industry*）

"天啊，是谁想出来做这样的研究啊？他们可能刚刚调查过我吧！"

你面临的挑战不是如何开始行动……无论在 1 月 1 日，还是在一年中的其他任何一天……挑战在于：该怎样保持达成你的目标所需要的毅力！

SUSTAIN 一词来自拉丁语 sustinere，
意思是**持之以恒**。

因此，真正的问题是：

当你与自己签订了合同后，
你能不能将这笔交易**坚持到底**？

65

通过研究，我们总结出三个关键步骤，可以帮助你在完成自己目标的过程中，保持你所需要的毅力：

1

测量一下你的体温。

2

设定符合实际的期望值。

3

不要拿自己和别人做比较。

1. 测量一下你的体温

不，不是那种温度。我们的意思是：问一问你自己（就像比利的瑜伽教练问他那样），你到底有多想实现你的目标？最著名的自我提升作家之一［拿破仑·希尔（Napdeon Hill）］谈到了需要"白热化程度的渴望"。换句话说，你真的非常非常想实现自己的目标吗？如果你真的如此，你就差不多可以停止阅读本书了。

你听说过下面这条谚语吗？"有志者，事竟成。"嗯，许多写关于成就主题的作家都表达了同样的观点，只是说法略有不同：

"有志者，毅力强。"

换句话说，如果你非常想得到某种东西，那么，你的内部程序（为生存而存在）将开始生效，并帮助你在追求目标的道路上，形成你所需要的自律能力。

但不要欺骗自己。如果你的体温不够高——如果你不是强烈地希望得到某种东西——那又何必多此一举？在出现窘困局面的时候，你的毅力就会消退——而且无论你追求什么有价值的东西，其过程都不会是一帆风顺的。

2. 设定符合实际的期望值

很多人半途而废的原因之一 ——换句话说，在遇到困难时，他们失去所需毅力的原因——就是他们没有恰当地设定自己的期望值。

下面这句话是你在余生中需要铭记的：

好事多磨。

在你踏上征程，向着目标进发之前，要一遍又一遍地告诉自己：前面的路将会荆棘丛生、坎坷不平。如有必要，不妨想象一下困难。问一下你自己，你是否已经为征途做好了准备。如果你的期望值设置恰当——对困难做好了预期——那么，在不可避免的困境出现时，你的毅力就不会消退。我最喜欢的格言之一出自斯科特·派克（Scott Peck）博士撰写的《少有人走的路》（*The Road Less Traveled*）（Bantam, 1980）：

"生活是艰难的。

"这是一个伟大的真理，是最伟大的真理之一。说它是一个伟大的真理，是因为一旦我们明白了这个真理，我们就能够超越它。一旦我们真正明白了生活是艰难的—— 一旦我们真正理解并接受了它，那么，**生活就不再艰难了**。"

斯科特·派克博士

3. 不要拿自己和别人做比较

我发现人们在追求理想的过程中，丧失毅力的原因之一是他们不明白：对任何人来说，要想取得成就，都**不是轻而易举的**。

他们看看周围，也许看到某个人似乎很容易就取得了成功，于是就得出结论：成功者肯定有他们的过人之处。然后，他们开始自暴自弃，在困难来袭时，丧失了前进的勇气和毅力。

然而，事实却是：**每一个**取得成功的**人**都曾经挣扎过，也多次想到过放弃。成功者通常只不过是那些坚持不懈、没有放弃的人而已。

在为写作本书做研究的时候，我同多种类型的名人做了交谈——包括奥林匹克运动员、著名电视人、大企业首席执行官，以及一些著名的政界人物。他们也都历尽了千辛万苦才实现了自己的目标。

最近，我的一个邻居去世了。他叫保罗·纽曼（Paul Newman）。我真的非常佩服他——他不但是个伟大的演员，而且无论他做什么，都很成功。我过去曾认为，对他来说，似乎一切都来得那么容易。我感到非常沮丧，因为我觉得我遇到的困难要比他大得多。

然而，就在保罗·纽曼去世之前，他曾这样说道：

**"在我的生命中，
没有一项成就是轻而易举地得来的。"**

回到比利那儿去

正如预想的那样，

他现在正在揣摩：

自己减肥的承诺是否足够坚定。

趁比利和贝丝在睡觉，

让我们思考

以下几个问题：

就你自己的目标和梦想而言，你**明确**你想要取得什么样的**具体**成果了吗？

你对自己做出过承诺吗？

你测量过自己愿望的强度——或者说，你的愿望强烈吗？你对自己目标的**评估**有可靠的依据吗？

你设定的**期望值**是否正确——你准备好应对困境了吗？

你能**避免**将自己和他人**做比较**吗？

如果你对以上问题的回答都是"是"，那么，你和实现你的目标之间的距离就比你想象的更加接近了，也即，**你的毅力已经处于待机状态**，它会随时准备在你奋斗的过程中帮助你！

第二天早上

"早上好，比利……你在干什么？"

"我要把家里所有的糖果都扔掉。"

"等一等，贝丝——停一下！那是我的水果圈麦片粥。吃水果对我有好处。"

"得了吧，傻男人！水果圈是加了糖的。"

当然，贝丝对于水果圈的认识是正确的……但咱们这本书不讨论麦片粥。

我们讨论的是毅力，而且我要在此说明一点：**营销人员**是**最擅长**颠覆你的决心的。

只要他们想卖什么东西给你，他们总是有办法控制你的思维，并试图摧毁你的自律能力。

无论他们的目标是让你购买麦片粥、香烟，还是让你使用你的信用卡（超过合理限制的），营销人员都擅于耍弄你的意志力。

这些人并不和你站在一边。请对奸诈行销提高警惕。

8
3

贝丝也一直在为她的决定

而忙碌着——

开一家服装店。

她已经去银行申请过贷款。

但是，银行要看她的

商业计划书。

"早上好，贝丝。你起得真早啊。在干什么呢？"

"我正在尝试写一份商业计划书。"

"太棒了！"

"嗯，事实上，不是太好。一周了，我每天早晨都坐在这儿写……但我就是不知道该怎么写。"

"也许是我插手的时候了。"

"嘿，伙计们。"

"快打911（美国报警电话），比利！"

"你是谁？你是怎么进来的？"

"我叫吉姆·兰德尔。我是来帮助你们的。"

什么是惯性?

**惯性是一个物理法则。
其实，惯性有两层含义。
第一层是：**

1

当物体处于静止状态时，只有在外
力的作用下，它才会运动。

"惯性是一种非常强大的力量，它可以阻止人们朝着自己的目标和梦想前进。

"通常来说，最大的挑战只是在第一步。"

毅力是驱使人们**向前进**所需要做出的努力。

有时它是一种力量，促使你在寒风刺骨的早晨，从温暖的被窝里钻出来，翻身下床。有时它是一种决心，促使你写出一篇学期论文、一本书……或一个商业计划的第一句话。有时它是在经过了很长一段时间以后，第一次踏进健身房的大门。

当你坚强起来，集中所有的精力，顶住任何压力，**继续前进**的时候，惯性便被你打败了。

惯性的第二层含义是：

2

当物体处于运动状态时，只有在外力的
作用下，它才会停止。

一旦人们建立起强大的毅力，锲而不舍地向着自己的目标或梦想勇往直前，惯性就成了人们伟大的朋友。

　　这是因为，惯性法则表明：一旦物体处于运动状态，它将持续不断地运动下去，除非被外力所阻止。

　　因此，一旦你开始朝着正确的方向前进，大自然就会为你效力。风儿会吹着你的背，推着你向前进。

　　"这一点非常重要，我要详细地加以阐述。"

　　一旦惯性对你有利，曾经需要自律来进行的行动就开始成为一种习惯。当行动变成了习惯，你就越来越不需要通过自律来达到目的了。

　　举例来说，在你还是孩童时，你的父母可能不得不提醒你刷牙。然后，这个行为成了一种习惯。

　　现在刷牙不再需要毅力了，你已经在"自动驾驶"了。

下面三本书都阐述了这一点：

1

在《创造性的习惯》（*The Creative Habit*）（西蒙·舒斯特出版社，2006 年版）一书中，编舞家崔拉·沙普（Twyla Tharp）描述了习惯对于她成功的重要性：

"我的晨练习惯是我自立自强最基本的形式；这些习惯……给了我信心和自力更生的精神。"

2

在《精力管理》（*The Power of Full Engagement*）（自由出版社，2003 年版）一书中，作者吉姆·洛尔（Jim Loehr）和托尼·施瓦茨（Tony Schwartz）阐述道，习惯实际上可以代替自律的需要：

"我们可以通过让习惯自动化的方法，来弥补我们有限的毅力和自律能力……"

3

在《高效能人士的七个习惯》（*The 7 Habits of Highly Effective People*）（西蒙·舒斯特出版社，1989 年版）一书中，史蒂芬·R. 柯维（Stephen R. Covey）阐明了习惯的力量：

"因为它们是始终如一的。在不知不觉中，长年累月影响着我们的品德，暴露出我们的本性，左右着我们的成败。"

一旦你运用毅力去从事一项有意义的活动（或中止一项无意义的活动），惯性将帮助你创造习惯。

"动机让你开始行动。习惯使你继续前行。"

——吉姆·罗恩（Jim Rohn），
《十二根柱子》（*Twelve Pillars*）
（Widener 出版社，2005 年版）

我只想找一个办法，以便让贝丝开始朝着正确的方向前进。

"贝丝，我想给你讲一个人，他叫老子。"

"老子是中国古代一位伟大的哲学家。他最著名的言论大概就是以下这条：

'千里之行，始于足下。'

"换句话说，不管你遇到多么大的挑战，你都必须采取行动。走一步，再走一步，再走一步。然后，在不知不觉中，你已经向着你的目标迈出了实质性的步伐。"

"我听不懂这个家伙的话，贝丝。"

"嘘……我在打字。"

"那好吧，再见了。"

第二天

"比利，怎么啦？你都直不起腰了！"

"你上次去健身房是什么时候？"

"我想快点减肥，所以去了健身房。"

比利，

你大错特错了。

比利犯了一个典型的错误。很多人在追求自己的目标的时候，都会犯这样的错误。他太急于求成了。

比利的决心令人钦佩。但是，如果他想要做得太多太快的话，就反而可能适得其反。（事实上，比利在接下来的好几个星期都去不了健身房了。）

每一个有关成就和毅力的研究者都提到：应该通过实现小的、循序渐进的目标来实现更大的目标。

"**把任务分解为易于操作的小项目**。看上去让人感到头疼的巨大任务是造成不去行动的主要原因。解决的办法是把任务分解成**看上去不那么令人生畏的小项目**。

"你可能听说过一种方法，叫作吃大象技术。这项技术基于这样一个想法……那就是：在一次宴席上吃掉一整头大象，对任何人来说都是办不到的。一个更明智的方法是：一次只吃一口。"

——安德鲁·杜布林博士，
《**做到这一点**》（*Getting It Done*）
（Pacesetter 图书公司，1995 年版）

1
1
1

"我不太喜欢吃大象这个比喻。"

112

"我更喜欢艾伦·拉金（Alan Lakein）的有关瑞士干酪（布满圆孔的块状奶酪）的比喻。"

113

"用戳洞的方法(一小口),把一项大型任务变成瑞士干酪,这是让自己开始行动的绝妙方法……而且一旦开始行动,你就给了自己继续前进的机会……也许,你需要做的就是**把任务分解成易于操作的小项目**……

"在你必须面对一项艰难的任务时,不要总想着毕其功于一役。如果你能比过去做得更好,就该感到满足了。**当你的毅力开始发挥作用时,如果你能每天进步一点点,那时间就是你的盟友。**"

——艾伦·拉金,

《如何掌控自己的时间和生活》

(*How to Get Control of Your Time and Your Life*)

(Signet 出版社,1973 年版)

请看下面这条信息：

通往你的目的地的道路是由许多细小的、易于管理的步骤组成的。不要总是想着毕其功于一役。慢一点，稳一点。关键是把大目标分解成易于消化、循序渐进的小目标。

比利的惨痛教训是：有时你需要通过自律来控制你的急躁情绪，并以一种合理的方式向前迈进。

那天晚上

"Z
z
z
z
z
z"

"哎哟……哎哟……哎哟。"

几天以后……

"早上好，贝丝。你的商业计划书写得怎么样了？"

"很慢……但是取得了一些进展。"

"如果在开始行动之前，我也能制定一个毅力计划书就好了。"

"我从来没
听说过毅力计划
书……那是什么
玩意儿？"

"嗯，你认识那个叫兰德尔
的，就是那个讲话滔滔不绝的
家伙吧。他有一个网站，上面
说你计划得越多，你实现目标
所需要投入的毅力就会越少。"

120

"让我来告诉你，关于写毅力计划书的事，我的网站上到底是怎么讲的吧……

"并且，顺便说一声，贝丝，我说话滔滔不绝，是因为一想到可以帮助别人，我就兴奋不已！"

尽管大部分人认为毅力是我们面对相互竞争的多种需求时所需要的——的确如此，但这只是其中的一部分——另外，你可以通过对迎接未来的挑战**做好准备**，减少你需要使用毅力的**情形**，同时在你的毅力受到考验的时候，帮助你缓解**压力**。

下面是你需要做的准备：

1

识别**危机点**并使它们最小化。

2

创建针对危机点的**心理反应预设机制**。

3

创造一句**强有力的咒语**。

4

准备一个**固定锚**——只是为了防止你滑倒。

1
危机点

危机点就是那些你知道你的毅力将经受巨大考验的时刻。在比利的案例中，它是糖果。在贝丝的案例中，是她在写作的时候，总是忍不住接电话和收发电子邮件。因此，在写商业计划书的时候，她已经知道要关掉她的黑莓手机。

2
反应预设机制

预先计划好当危机点出现时，你该做出怎样的具体反应。假如比利写了毅力计划书，他就应该为出去吃饭时别人吃甜点的情况做好准备。例如，他可能需要立一个规矩，每次在同别人外出吃饭时，他只点水果作为甜点。

3
强有力的咒语

这是一个词或一个短语。当你处于危机点时，在尝试过反应预设机制后，仍感觉你的毅力逐步减弱，这时你就可以使用咒语。例如：在贝丝忘记关掉黑莓手机时，她的朋友打来了电话。她实在很想停下写作，和她说话。这时，她记起了她的咒语："贝丝精品时装店。"她念了一遍又一遍，终于打消了接电话的念头。

4
固定锚

很有可能出现以下这种情况：其他一切方法都失败了，我们屈服于诱惑。但这并不意味着"游戏已经结束"。这时，越快返回轨道越好。因为你有可能会摔跤，所以你应该提前为自己准备一段演说词："好了，比利。你又搞砸了……但没什么大不了的……现在要立刻回到节食和锻炼计划上去。"

问题的关键在于：

通过创建反应预设机制，

你就可以在感到压力的时候
使用这一机制，

从而减少你为成功实现
自己的目标所需要投入的毅力！

"嗯，我必须承认，写一份毅力计划书的确很有意义……我只是不想再让兰德尔那家伙破门而入了。"

"哎呀……看来我该转身回去了。"

那天晚上

"贝丝，你的商业计划书似乎有很大进展嘛。"

"是的，我其实差不多写完了。"

"那太好了，贝丝。"

"谢谢你，比利。我只顾忙自己的事了，忘了问一下你减肥的事怎么样了？"

"嗯，事实上，我对自己很满意……
我已经减掉了 5 磅。"

"那真是太好了！你做得真
棒！也许我也应该减减肥了。"

"你现在减肥可能不是个好主意，贝丝。"

"为什么呀？"

"嗯，我也看了兰德尔的网站，我了解到有种东西叫作'自我损耗'。"

???

"你瞧，毅力就像人的肌肉一样，会产生疲劳。因此，同时接受太多挑战通常不是个好主意。"

"嘿，比利，你访问我的网站我很高兴。关于贝丝减肥的事，你说得对——当她还在殚精竭虑、全力以赴地写她的商业计划书的时候开始减肥，的确不是个好主意。

"至于毅力就像人的肌肉一事，我想告诉你更多关于它的来历和观点。"

毅力就像人的肌肉这一观点，是大约 30 年前由心理学家首先提出来的。

　　受试对象被置于一种情境，在这里他们需要调动他们的毅力，然后他们马上被放入一个新环境中，在这里他们需要更强的自律。心理学家们发现：在一连串的挑战面前，人的毅力被消耗殆尽（"自我损耗"）。换句话说，就像人的肌肉一样，毅力也会疲惫不堪。

　　我想跟你讲一个著名的研究，你会发现非常有意思。

100 个人被随机分为三组。

A

组中的每个成员都得到了一盘小萝卜，并被要求全部吃光。

B

组中的每个成员都得到了一盘饼干，并被要求全部吃光。

C

组中的每个成员可以选择他或她想要吃的东西，或者什么都不吃。

在所有的萝卜和饼干都被吃光以后，每个人都被要求解答同一道难题（实际上根本没有答案）。

B 组和 C 组的人在猜了大约 15 分钟之后放弃，A 组的人只猜了 7 分钟就缴械投降了。

研究者从这次实验中得出结论：A 组成员已经耗尽了所有的毅力去吃掉那些（苦的）萝卜，而 B 组和 C 组成员仍有大量的毅力去解那道难题。

由这个研究得出的教训是：你要注意保存你的毅力，以便在你最需要的时候使用。

136

"在阅读所有关于毅力和'自我损耗'的文献时，我问自己的问题是：毅力——如果它真的像肌肉——那么，它能否像肌肉那样加以锻炼呢？

"于是，我给毅力和自律(心理学家使用的术语是'自行监管')方面的一个著名权威，佛罗里达州立大学的罗伊·鲍迈斯特（Roy Baumeister）博士打了电话。"

"博士，请告诉我，是否有证据证明，人们可以像锻炼肌肉那样锻炼毅力呢？"

"嗯，有些心理学家所做的研究表明，进行自我控制练习，如用非惯用手执行简单的任务，可以逐步磨炼一个人执行其他任务的毅力。"

罗伊·鲍迈斯特博士

我接着这个话题问鲍迈斯特博士：他是否建议人们做毅力培养方面的练习。

他回答说，还需要进行更多的研究才能对这个问题做出回答。

然而，他确实坚定地认为：良好的健康状况和自我控制力是相互联系的。他推荐我看他编写的一本书——《自我调节手册：研究、理论与应用》（*The Handbook of Self-Regulation: Research, Theory and Applications*）（Guilford 出版社，2004 年版）。

以下是其中的一段摘录：

"如要探讨当人的自律资源暂时枯竭时，如何加以补充，还有很多其他的工作要做。尽管缺乏系统研究，间接证据却表明：睡眠和其他形式的休息可以帮助恢复能量……一项研究发现，利用引导冥想法可以帮助人们抵消自我损耗的影响，并恢复（人的自我调节资源储备）。"

139

尽管罗伊·鲍迈斯特博士对于毅力培养练习和当你需要时毅力的可获得性之间的联系不太确定，但其他人却有不同的感受。

　　例如：作家雷米兹·萨森（Remez Sasson）在其电子图书《毅力和自律》（*Willpower and Self-Discipline*）（2008年版）中列出了 80 种练习方式，来帮助人们培养毅力。

　　雷米兹·萨森相信："这本书的训练方法堪比体育锻炼。"

　　雷米兹·萨森认为，如果一个人按照书中所描述的方式进行训练，那么他就可以培养出毅力，去应对重大的挑战。

　　以下是雷米兹·萨森所建议的几个练习方法：

1
不要挠痒

挠痒痒的渴望的确强大无比、让人心烦。不要去挠痒痒，坚持得越久越好。

"我的鼻子真的好痒！！！"

2
跟在慢车后面行驶

在慢车后面慢慢地、耐心地行驶。这可不是件容易的事，尤其在需要匆匆赶路的时候。

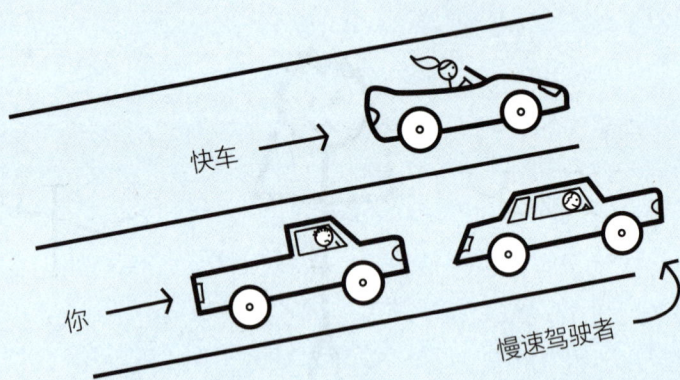

快车 →

你 →

慢速驾驶者

3
使用非惯用手

暂时改变习惯以获得内在的精神力量。

"嘿，比利，你今天的乒乓球
打得实在让人不敢恭维。"

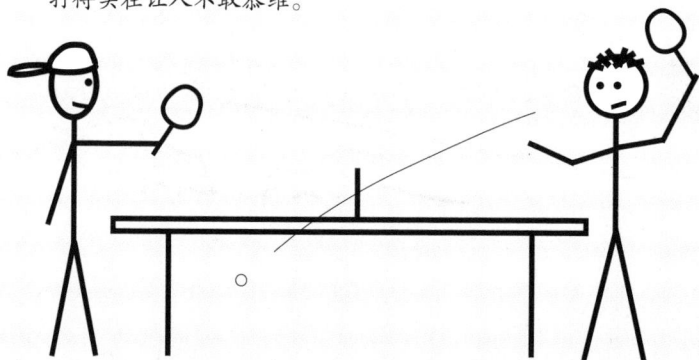

对于如何看待毅力练习，每个人都应该有自己的判断。

对某些人来说，通过增强自己应对挫折的能力来培养毅力的做法（例如，用非惯用手打乒乓球）很有效果。事实上，尽管对于毅力就像肌肉的研究仅仅进行了大约 30 年，以下这条摘录却来自 **110 年前**（英文原书首次出版时间为 2009 年）写的一本书：

"培养自制能力就和我们锻炼瘦弱的肌肉一模一样，需要日复一日、循序渐进。让我们每天都做一些练习……有些练习可能会让我们觉得不舒服，但在我们需要的时候，它会帮我们的忙。"

——威廉·乔治·乔丹（William George Jordan），
《**自制的王权**》（*The Kingship of Self-Control*）
（1899 年版）

就个人而言，我总是担心能量储备不足。我的工作前提是：我们应对挫折的能力是有限的。因此，我要尽量减少个人生活中的挫折（指那些次要的事情），以便有足够的决心和精力去处理那些最为重要的问题。例如，在打乒乓球的时候，我用右手。

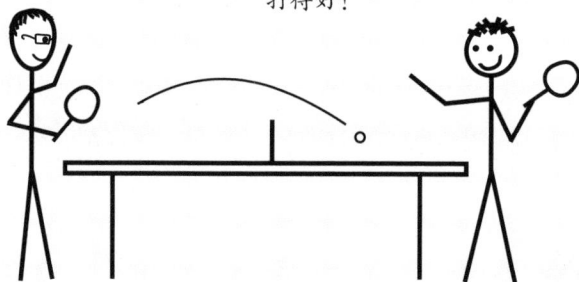

"嘿，兰德尔，打得好！"

**有些人在试图锻炼毅力之肌肉时，
做得太过火了。**

G. 戈登·利迪（G.Gordon Liddy）是美国中央情报局的一名特工，其因在 1973 年导致总统理查德·尼克松（Richard Nixon）辞职的水门事件中所扮演的角色而声名远播。

利迪认为，通过在明火上方握紧拳头——并逐渐延长时间——他就能培养起足以应对任何困难的决心和毅力。

"我开始使用……火柴和蜡烛，并逐渐地延长时间，使我的肌肉承受火烤的痛苦，以磨炼我的意志，就像一个人通过提起越来越多的重量来锻炼肌肉的力量。"

G. 戈登·利迪，《毅力：G. 戈登·利迪自传》
（ Will: The Autobiography of G.Gordon Liddy ）
（麦克米伦出版社，1991 年版）

**1
4
9**

利迪的行为实际上对他的手造成了永久性的伤害。

"那种行为太疯狂了……

不要做那样的傻事！"

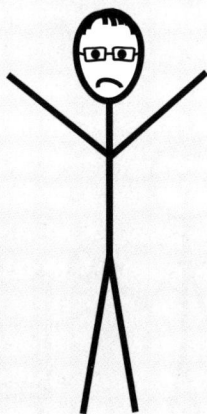

几天以后

"贝丝，现在你的商业计划书一定差不多完成了吧！"

"你听说过门铃吗？"

"对不起，我帮助别人的心情实在太急切了，忘了敲门了。"

"你看，贝丝的毅力又一次受到了考验……她的计划书写完了，但是她又不敢拿给银行看。"

"这是真的吗，贝丝？"

"是的，不幸的是，他说的没错。"

"我再也不能说'总有一天，我会开一个店'了，现在我要么行动，要么闭嘴。但我很害怕失败。"

133

"也许我应该将这个想法再捂上几年。"

"我当然希望比利能给贝丝提出好的建议。我注意到,他最近经常光临我的个人网站。所以……嗯,就让我们来看看吧。"

"哎呀，贝丝，我认为你的想法是个极大的错误。你看，当一个人去面对一项新挑战的时候，对失败的畏惧是在所难免的。

"你一定有足够的力量去战胜恐惧。"

161

“干得好！比利！”

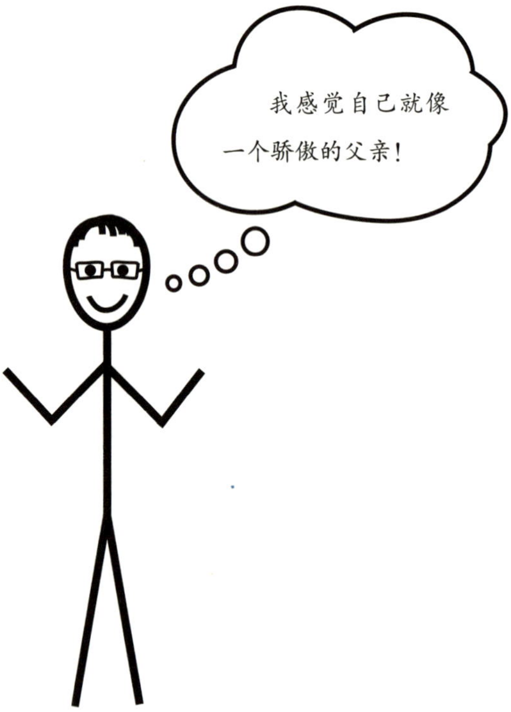

令人高兴的是：
比利所言千真万确。

我们每个人都有不同类型及程度的恐惧。但是我们可以击败这些恐惧。

问题的关键是培育心灵的力量——心理的坚忍不拔——去克服恐惧感。

我发现，可以通过五个步骤来培育坚忍不拔的心理素质。

1
识别你的思想

在关键时刻，当你感觉自己正在被拖向对你来说非最佳利益的方向时，做个深呼吸，问一下你的内心。到底是什么想法在影响你的行为？它们来自何处？

把那些控制你的行为的**想法**，准确地识别出来。

2
承认思想即物质

最近 100 年来最成功的自助书籍是拿破仑·希尔在 1937 年写的《思考致富》（Think and Grow Rich）。这本书（仅有一部分是讲关于如何赚钱的）的销售量已经超过 6000 万册。

这本书的主要观点是：**当你学会了控制你的思想**，你就能够把握你的命运。

而要想控制思想，就必须明白：**思想即物质，就像其他任何物质对象一样**。因此，它们就可以按你所想，被引入和移出你的头脑。

164

3
理解在我们的思想中
存在杂音

大脑是一个**容纳各种思想的容器**。有些思想是好的……有一些则是垃圾。

垃圾思想会成为你前进道路上的拦路虎。

还有另外一些思想，即你梦想成为什么样的人。这些正是你所要培养的思想。

4
懂得操控局势的是你自己

在你倾听你的思想时，你开始认识到：**你不是你的思想**。相反，你是站在一种高度来聆听你的思想——因此，你可以将自己与你的思想分离开来。

就像埃克哈特·托利（Eckhart Tolle）在其《当下的力量》（*The Power of Now*）（Namaste 出版社，1999 年版）中所言："当你在聆听一种思想时，你要意识到，你自己就是这一思想的见证人。那么，这一思想便不再能控制你了。"

换句话说，你，作为聆听这一思想的一种力量，有能力去控制它。你有权决定接受哪些思想，拒绝哪些思想。

5
明白你的大脑一次
只能处理一个主导思想

通过控制那些支配你思考的思想，你就可以对自己的行为产生巨大的影响。

通过**让那些消极沉沦的思想服从于一个强有力的、积极的主导思想**，你可以把正确的信息推到你意识的最前线。

例如，如果你的问题在于对采取行动存在恐惧心理（就像贝丝那样），那么，有一种技巧可以战胜恐惧，那就是用一个强大的主导思想去征服它，比如你成功应对挑战的自我形象。

我意识到：精神控制和心理坚韧都是宏大的主题。我现在给你讲的都是一些要点。在这本书的后面有一个参考书目列表，建议你做进一步阅读。

重要的是：**你完全有能力去主导你头脑中那些杂乱无章的思想，也就是我所称的"噪声"。你可以甄别和挑选出哪些是你想拥有的思想，哪些是你不想拥有的。**

如此一来，阻碍你前进的恐惧感——被轰走了。

帮助你战胜困难、迎接成功的信心和乐观——被请了进来。

"你认为举几个例子会有帮助吗？"

"是的！"

"那好。让我们再来谈一些关于精神控制的话题，有些人认为那是毅力的根源。"

168

143

"贝丝，我注意到你今天早上找不到车钥匙了。"

"她总是爱丢钥匙！"

"嘿，我也是。"

"原因是注意力过于集中了。"

"你们听说过《欢迎来到你的大脑》(*Welcome to Your Brain*)这本书吗?"

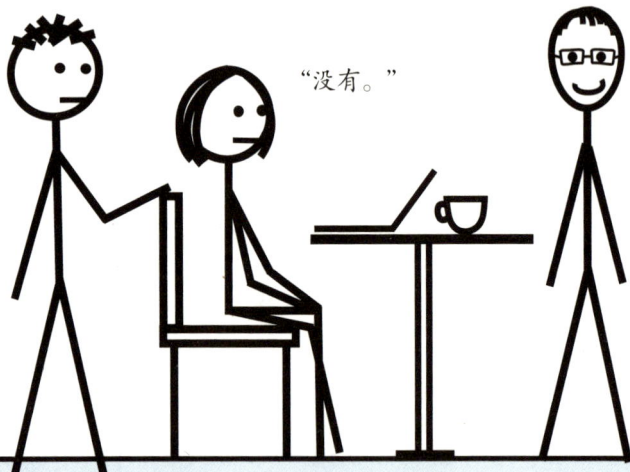

"嗯，有趣的是它的副标题：
你丢失车钥匙的原因……以及日常
生活中其他令人困惑的事情。"

"没有。"

"没有。"

"这本书给我们讲了一些
有关主导思想的知识……因为
贝丝对她的商业计划书太投入
了，所以她的大脑记不住把车
钥匙放在何处了。"

"还有一个例子是关于运动的。"

"集中精力，比利，集中精力。"

"如你所知，伟大的运动员在比赛的时候，必须学会控制自己的思想。"

他们就是按照我归纳的五个步骤来做的。

1

他们**知道**关键时刻他们脑子里在想什么。

2

他们**承认思想即物质**——是可以被移入和取出的一些实物。

3

他们清楚，**消极思想有时会扰乱自己的心智。**

4

他们认识到，**聆听这些噪声的人可以把握全局。**

5

他们接受训练，**以便在面临挑战时导入主导性的正面思想。**

"比利喜欢橄榄球。因此，让我们谈一下定位踢球员。他们必须在极短的时间内，面对众多球迷的尖叫声，顶着巨大的压力踢球。"

"他们意识到了大脑中消极的杂音。"

180

"但他们对有害的思想进行控制，并把它们抛之脑后（kick them out of their mind）（多好的双关语，是不是？），从而用积极的主导思想来取代消极的思想。"

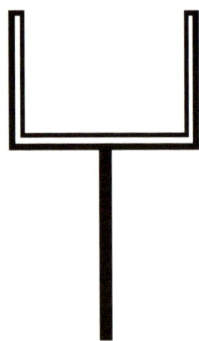

"在体育比赛中取得成功的关键之一，是要学会对任务全神贯注，避免消极思想的干扰。**大脑在某一时间内只能专注于一件事情**……你必须将注意力集中在你想要完成的事情或一些中性思想上面。在同定位踢球员一起工作时，我用的是注意力分散技巧。

"我让他们创造一个词，当他们说这个词的时候，**就能够将一切消极思想排除在外**……"

——加里·麦克（Gary Mack）和大卫·卡斯蒂文斯（David Casstevens），
《心智训练》（*Mind Gym*）
（麦格劳-希尔出版社，2001年版）

185

"可是，吉姆，那些人都是专业人员。他们接受过精神控制方面的训练……"

186

"比利，他们和你我没有什么不同。他们只不过专长于某一项特定的体育运动而已。精神控制是任何人都能学会的。"

"让我给你再举个例子，看看一个普通人是如何使用精神控制和毅力，来拯救他的理智以及生命的吧。"

维克托·E.弗兰克尔（Viktor E.Frankl）是一名德国精神病医师，因为他是犹太人，所以在第二次世界大战期间被送到一个集中营里。

三年里，弗兰克尔努力挣扎着生存了下来。在1946年战争结束后，他写了一本书来讲述自己的经历，书名为《活出意义来》（*Man's Search for Meaning*）。

在这本书里，弗兰克尔谈到了精神控制——有关他如何将自己的思想从对坐牢的恐惧转移到另一个地点和时间。尽管他的脑海里噪声仍然存在——那是他心中的感觉和情绪——但他的意识却已被拉升到某个遥远的地点和时间去了。

"我不断地思考我们悲惨的生活中那些没完没了的小麻烦……如果我得到一块香肠作为一种额外的口粮，我是否应该把它换成一块面包呢？我该不该用最后一根香烟来换取一碗汤呢？我怎么才能得到一根金属丝（用作鞋带）呢？

"我讨厌透了这种状态。眼前的情势迫我每一天、每一个小时都在为此类琐事绞尽脑汁。**我强迫自己把思想转移到别的问题上去**。突然间，我看到自己站在一个光线充足、温馨舒适的演讲厅里……通过这个方法，我成功地使自己**超越了目前的状态**以及此刻所面对的种种苦难。"

——维克托·弗兰克尔（补充强调）

190

"毅力与精神控制是直接相关的。

"一旦你意识到：你有能力将消极的思想驱逐出你的头脑，代之以积极的思想，你就已经向着终生自律迈出了巨大的一步，当你需要时你就可以做到自律。"

193

"再见，伙计们。"

194

比利在健身房

"嘿，比利。慢一点。不要让我们这些老家伙太难看。"

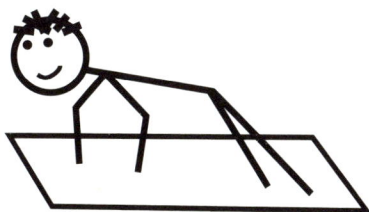

"不行啊，塞米。我是在正儿八经地执行减肥计划。"

"看上去你已经减掉不少了。让我猜猜，你是用南海岸式减肥法吗？"

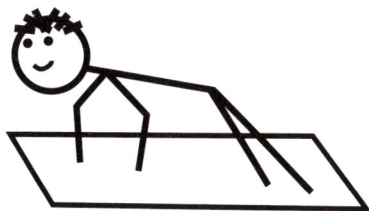

"不是。"

"阿特金斯式的
吗？地中海式的吗？
减肥中心式的吗？"

"不是！！
不是！！
不是！！"

"那肯定是新的减肥法了。"

"不，塞米。我只是戒掉了
糖果，少吃点，再就是进行体
育锻炼。"

很显然，和许多人一样，塞米是想寻找一种捷径——一个简易的途径来实现他的目标。

然而，显然没有任何捷径可走。事实是，那些最难以实现的成就往往都是最具吸引力的。

正如美国革命家托马斯·潘恩（Thomas Paine）[广受欢迎的小册子《常识》(*Common Sense*)的作者]所言：

"太容易获得的东西，我们往往不懂得去珍惜。只有珍爱能赋予一切以价值。只有上帝知道世间万物究竟价值几何。"

托马斯·潘恩

那些取得了伟大成就的人，那些实现了自己的目标和梦想的人，都是那些有自律能力和坚忍的毅力来采取正确行动并做出正确选择的人，尤其是当要做到这些很困难的时候。

在几乎所有的案例中，成就都不过是一个辛勤劳作、坚持和毅力的故事。

贝丝在银行

"您给我留下了深刻的印象，布兰奇夫人。我想我们能够把款贷给你。当然，我们需要你用房子、车子、珠宝和你丈夫收藏的棒球卡做抵押。"

两个月后

"贝丝，我真为你感到骄傲！"

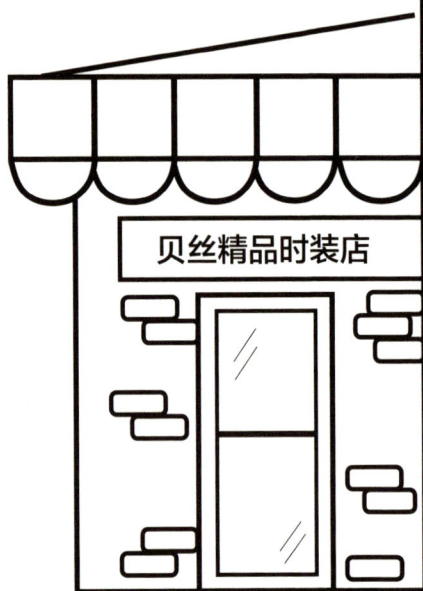

贝丝精品时装店

"谢谢你，比利。我也为你而骄傲……就像你承诺的那样，你减掉了10磅。"

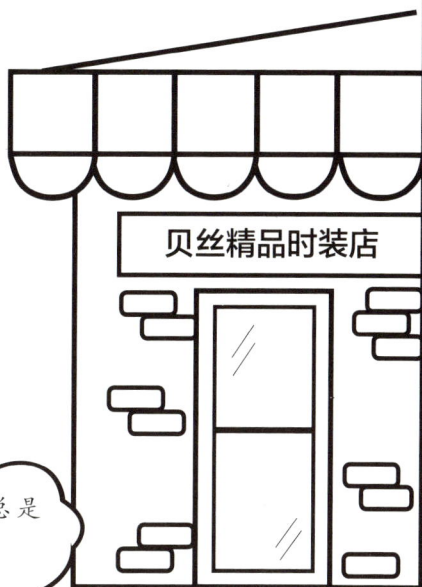

贝丝精品时装店

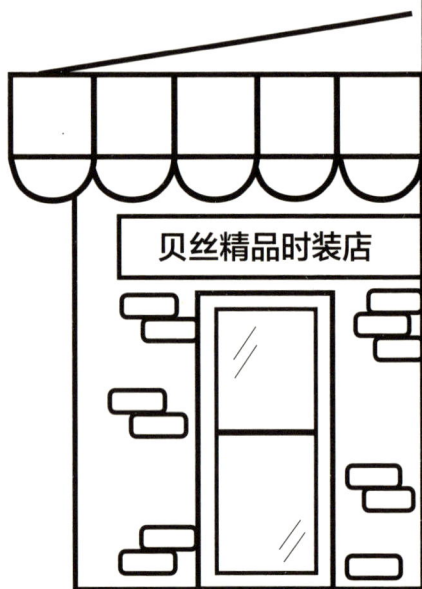

"哇，比利。你变成一
个强壮的棍棒人了！"

不幸的是，

故事并没有到此

"结束"

212

我很想告诉你，比利和贝丝从此过着幸福快乐的生活，并且再也不曾遇到过挑战。但是，嘿，这可不是一本童话书。

不幸的是，比利在工作中与他的老板闹僵了。结果，他又开始暴饮暴食。而贝丝的商店开张几个月后，经济开始疲软，她的经营在困境中挣扎。

你瞧，真实的生活就是一连串的挑战。我们的目标就是用积极的态度去应对这些挑战，并不断地向前走。

幸运的是，比利和贝丝所学到的有关毅力的知识，对他们来说都大有裨益。

比利最终又恢复了他的健康饮食，而贝丝也渡过了她的财务难关！

故事……

"结束了"

好消息！

贝丝走出财务困境之后，
她的事业开始兴旺起来。
而她和比利决定生一个孩子！

"在我们说'再见'以前，我想把我对毅力这一主题进行了多年研究之后所学到的东西，为你总结一下。

"下面是关于增强毅力和自律能力的 15 个要点。

"我把这些要点介绍给你，旨在帮助你建立起你所需要的决心，以便应对任何你所选择和承担的挑战。"

"祝你们好运！"

1
确信你全身心地投入。

那些真正"下定了决心"的人必然会尽其所能，为他们的成功积蓄力量。

有很多人认为他们为实现自己的目标做出了真诚的承诺，但他们并没有郑重其事地严格执行。例如，一些人说"我在节食"，其真正的意思是"在方便的时候，我将尽可能地不吃让人发胖的食物"。**这并不能算是承诺。**

拿破仑·希尔（《思考致富》）认为：一个人必须有"白热化程度的渴望"，他才能够获得成功。

在需要时，你所拥有的毅力的强弱，取决于你对自己的目标所做出的承诺，以及你给自己的目标所赋予的价值。记住里夫教授给我们的教诲吧——如果我们拥有强大的内在动力（我们被自己所抱持的价值观所驱使），我们就很有可能获得所需要的毅力。

但是，如果你不是百分之百地致力于实现自己的目标，你何必要去追求它呢？还不如等到你真的准备好了的时候再开始吧!

2
准备好为目标进行
艰难的跋涉。

那些期望快速和轻而易举地获得积极结果的人通常会栽跟头。反过来说，如果你预料到道路是"漫长而曲折"的，你就不容易被困难击退。

"一想起来，我就心痛。有些人尽管拥有难以置信的伟大想法，但一旦事情不像预想的那样顺利，就马上放弃了。一定要记住：值得去追求的东西，从来就不会是轻易到手的。"

——拉塞尔·西蒙斯（Russell Simmons），
《做你自己！》（*Do You!*）
（Gotham 出版社，2007 年版）

我相信，生活中那些伟大的成功者，就像斯科特·派克所指出的，都懂得"生活是艰难的"并承诺会一直与他们在前进道路上所遇到的艰难曲折做斗争。

威廉·詹姆斯这样写道:

"（有些人）选择了他们的态度，而且**知道在完成使命的过程中，他们将会长期与困难正面交锋……**他们对这些伴随着真理的困难表现出极大的热情和一种披荆斩棘、奋勇向前的孤独的喜悦……因而他们成了生活的大师和主人。他们从此名垂青史；他们成了人类命运的一部分。"

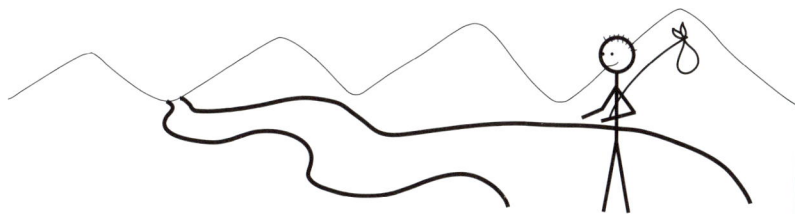

3
通过减少需要使用毅力的情形，
为将来的挑战做好准备。

毅力与能量息息相关。如果你限定了实际需要消耗毅力的次数——你也就保存了你的力量，以备确实需要时使用。

以下是保存能量的一些办法：

（1）制定一些黑白分明的规则——尽可能地减少在有压力的情况下进行深入思考的需要。

（2）培养习惯——预先准备好在某些特定情况下，你应该如何反应。"如果发生 X，我就会去做 Y。"

（3）创造一个咒语——在自我感觉意志变弱的时候，重复某一个单词或短语。

（4）准备一个固定锚——设定一条捷径，在你偏离了航线的时候，能够马上返回征程。

假如让我找一个办法，以便在需要时帮助我坚定决心的话，那就是对于消极刺激（比如懒惰）第一感觉的**反应预设机制**。在我察觉到它的一瞬间，就立即将它挡回去。随着时间的推移，这种反射就可以帮助我时刻对有害的压力或渴望保持警觉，并使我始终沿着正确的轨道前行。

4

尽可能具体细致地确定
你的目标和实现目标的过程。

当人的心智知道它具体需要做什么的时候，它运作得最好。

无数的研究已经证实：那些目标具体、明确的人更有可能把他们的目标变为现实。

此外，在人的心智能够看见旅程的结果时，它的感觉最为舒适。你自己必须清楚地知道：你要的成功是什么，需要花多长时间才能取得成功。

维克托·弗兰克尔在他那本关于集中营求生的书中极其痛苦地对这一点进行了着力描述：那一年的最后一周，是集中营里囚犯死亡人数最多的一周。

那是因为，许多犯人已经让自己相信：他们年底就能回家。而当事实表明，那是不会发生的事情时，这些囚犯的心理崩溃了。

　　换句话说，当底线已经确定时，囚犯们就会鼓足勇气坚持下去。但当底线后移（且目标不再是一个明确的日期）时，他们生存的意志彻底地瓦解了。

5
把挑战分解成
易于管理的小目标。

　　完成一个大目标的方法，是把它分解成许多子目标——把每一个子目标作为一个挑战，以使其不会远远超出你目前的能力。

　　举例来说，如果你以前从未参加过赛跑，而你的目标是跑一场马拉松，那么，你应该先训练自己跑一英里，然后是五英里，以此类推。如果你想过早地跑得很远，你可能会感到灰心丧气，从而永远达不成自己的目标。

　　这个例子对任何挑战来说都是一个很好的比喻。

　　在开始追求一个目标的时候，**识别出前进道路上的逻辑转折点**。在你实现了每一个子目标的时候，停下来呼吸一下成功的新鲜空气。这将使你树立起信心，以便你向着下一个目标继续前进。

"在追求个人卓越成就的征途中，你最好把大部分精力集中在你所能控制的每一小步上——包括技能的提高、准备情况、执行力情况，以及日常活动情况——并每天保持最佳状态。"

——特里·奥立克（Terry Orlick），
《追求卓越》（*In Pursuit of Excellence*）
（Human Kinetics 出版社，2000 年版）

6
对你的思想保持警觉。

我们的头脑中有很多噪声，其中一些会削弱我们的决心。

当你感到自己踌躇不前时，通过搞清楚自己的头脑中到底在想什么，你就可以把半途而废的风险降到最低。

"一旦目标得以确立，自我监控能力的培养便成为必要，因为通过更强大的自我意识对内部和外部诱因进行关注，可以产生更快和更适当的自我控制……**自律（试图引导行为按某一特定路径通向既定目标的因素）的基础是自我监控。**"

——皇家墨尔本理工大学　勒克·本克（Luke Behnke），

《自律》（*Self-Regulation*）

（墨尔本，澳大利亚，2002 年版）（补充强调）

在任何努力中，学会控制你的思想是成功最重要的要素之一。正如老虎伍兹（Tiger Woods）在他的著作《我如何打高尔夫》（*How I Play Golf*）（Sphere 出版社，2001 年版）中所言："内心坚忍……是爸爸送给我的运动生涯的礼物。他想确保我的注意力能够经受得住任何干扰。"

我想他说的是在打高尔夫时的干扰。

7
控制你的主导思想。

你必须**把思想看作实物**。因为一旦你这么做了，你就会比较容易形成一种概念，即将消极思想从头脑中驱除出去，代之以积极的思想。

就像特里·奥立克博士在他那本关于追求卓越的书中所言："我们可以学会如何转移注意力……如果你经常在不同的情境下进行练习，你的效率一定会得到提高。"

或者，像拿破仑·希尔所说："精神控制是自律和习惯的结果。你要么控制你的思想，要么被你的思想所控制。这之间没有任何妥协的余地。控制思想最实用的方法就是形成一种习惯，即让大脑始终为一个明确的目的而忙个不停……"

225

以下是我最喜欢的一段引言。它出自艾内斯·艾斯华伦(Eknath Easwaran)所写的一本书——《风暴的力量》(*Strength in the Storm*)：

"自觉地把分散的注意力一遍又一遍地收回来的能力，是判断力、品性和意志的基石……（它）是生命的秘密，是成才、成功、爱情、幸福、安全和圆满的关键。我们的生命因注意力而存在……在任何领域，天才的秘诀都是全神贯注。**那些能够把注意力集中在某一任务或目标上面并坚持不懈的人，必定会在生活中留下自己的印迹。**"（补充强调）

8
用一种愉快的而不是痛苦的态度
勾画你的挑战。

我们如何与自己沟通至关重要。那些说过或写过有关毅力主题的人建议把神经语言程序学（NLP）作为一种方法来**勾画挑战，以便我们更容易战胜这些挑战。**

如果你认为你面前的通往目标的道路枯燥乏味、令人痛苦，那么，你就很可能会失败。相反，如果你把挑战勾画成一种令人愉快的经历，那么，你就更有可能会坚持到底。

神经语言程序学最著名的倡导者是安乐尼·罗宾斯（Anthony Robbins）。他最引人瞩目的大概是教人们在烧热的炭上行走。

"让你所期望的结果发生的关键……在于你看待事物的方式。你必须觉得自己左右逢源、胜券在握，有能力采取任何高效能的行动来达到你想要的结果。"

——安乐尼·罗宾斯，
《能量无限》（*Unlimited Power*）
（Fireside 出版社，1986 年版）

这个家伙疯了吗？

"你能做到。"

安乐尼·罗宾斯

9
辨别自己的薄弱时刻。

在生活中，很多时候你的毅力存量会处于低水平。

研究（还记得那个吃萝卜的研究吗？）表明：一个人在消耗了很多毅力以后，需要恢复一段时间，才能够继续接受需要自律的新任务。

因此在短期内，你必须有选择地运用你的毅力。如果你正在从事或者刚刚完成了一个艰难的挑战，那就不要再接受需投入大量毅力的新任务。

给自己一点时间去恢复和增强你的力量。例如，如果你刚刚为应付大学考试而完成了大量的学习任务，那么，你就应该过一段时间再开始你的体育锻炼计划。

"关于毅力的有限性，一个有趣的问题是：不同的任务所消耗的毅力储备是相同的……你所付出的任何类型的毅力都会对其他任何形式的毅力产生即时的干扰作用……"

——阿英特（Aamodt）和王（Wang），
《欢迎来到你的大脑》（*Welcome to Your Brain*）
（Bloomsbury 出版社，2008 年版）

10
强迫自己想象一连串
"非此即彼"的选择的结果。

在你遇到挑战的时候，可以通过强迫自己去想象你所面临的**每一种选择的结局**，来增强你的毅力。

在任何一种情况下，你既可以选择做 A，也可以选择做 B。你可以选择吃甜点，也可以选择不吃；你可以选择晚睡，也可以选择早睡；你可以选择做作业，也可以选择不做；你可以选择终止锻炼计划，也可以选择继续进行；等等。选择的可能性是无限的。

当我觉得我的毅力开始减弱时，我的解决方法是强迫自己去想象，在经过一连串的选择之后，不同状态下的我会是什么样子。是一个健康向上的我

呢，还是一个疲惫颓废的我？是一个富足舒心的我
呢，还是一个苦苦挣扎的我？是一个轻松悠闲的我
呢，还是一个疲于奔命的我？

一旦我感觉到慵懒或受到消极选择的诱惑，我
便强行让脑海里出现两幅画面—— 一幅是我想要的
生活，另一幅则相反。

毅力就是在正确的时间做出正确的选择。

11
你的毅力已经比
你所意识到的强大多了。

无数人创造了令人难以置信的运用毅力的故事，因为他们"不得不"那样做。

永远不要对自己说：

"我没有毅力或自律能力去做到这一点。"

事实是：**你确实有这种毅力**；它只是在蓄势待发，等你全然投入一个对你来说极为重要的目标时，它便会乘势出击。

下面这段伟大的引文出自威廉·詹姆斯：
"我们只使用了身体和精神资源的一小部

229

分……（我们每个人都生活在）我们的极限之内。
我们都储存着大量的能量和天分去做我们从未梦想
过的事情。"

　　或者，就像威廉·乔治·乔丹所言：

　　"备用能量是我们内心深处释放的一种循序渐
进和连续不断的力量，目的是为新任务提供所需要
的能量。"

12

你越是运用你的毅力，
你就越有信心和实力去迎接新的挑战。

一些心理学家把毅力比作肌肉。我们越是运用它，越是把它运用到疲劳的极点，它就会变得越强大。

就我个人而言，我不认为锻炼毅力的目的**仅仅是**培养抗拒诱惑和面对挫折的能力。

不过，我的确认为这一挑战自我的过程——渐进性地接受更加困难的考验——**将会提高你创造新成就的能力**。那是因为，当你每一次完成了某项具有挑战性的工作，你就获得了信心和实力，去同更加困难的考验进行斗争。最终，你将具备足够大的决心和自律能力，不管生活给你什么样的挫折，你都能够沉着冷静、积极应对。

"毅力不是某种东西，它分发给了这些人，而没有分发给那些人……毅力是一种技能，你可以通过认识和实践来培育它……在任何毅力面前，挑战都展示了它那无尽的可能性……而你也获得了更大的自信和更积极的自我关怀。"

——吉莉安·莱利

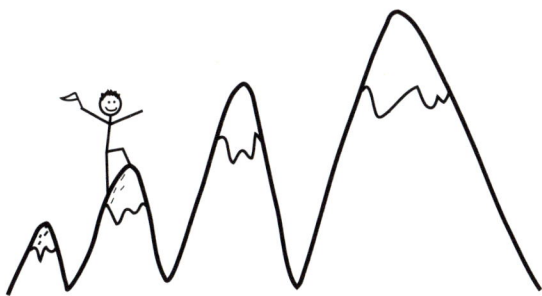

13
将积极行为转变为习惯。

要记住：惯性是如何为你工作的。**一旦你在生活中通过有规律的行为营造了某种重复，习惯就建立起来了。**

关于习惯，最了不起的事情是：一旦习惯成为根深蒂固的东西，它就不需要再投入太多的毅力。

曾是琐碎无趣的事情——比如有规律的体育锻炼——就像刷牙一样，已经成为你生命中很重要的一部分。这个时候，你就可以把精力投入到新的挑战中去了。

"正是我们不断在做的事情造就了我们。因此，卓越不是一种行为，而是一个习惯。"

亚里士多德

14
自律不是自我剥夺。

有些人把自律当作对生活乐趣的拒绝。

我不这么认为。对我来说，自律并不是对满足感的否定……而是对于满足感的推迟。

自律的意义是：为了**明天**你能体验到更美好的事情并感到快乐，而在**今天**做那些可能不是你的"第一选择"的事情。

当然，每个人都需要在即时满足和延迟满足之间找到平衡……换句话说，我们都要尽力而为。

"有些人认为自律是个侮辱性的词语，但不应该是这样。它的真正含义是：在你应该去做某件事情的时候，就用最完美的方式去做。而那绝不是一件坏事。"

——杜克大学篮球队教练

迈克·沙舍夫斯基（Mike Krzyzewski），

《领导，带人更要带心》（*Leading with the Heart*）

（华纳图书公司，2000 年版）

15
强大的自律可以
将你的生活推向新的高度。

强大的自律可以把你带入一种境界，而你从来不知道你有能力达到这种境界。那些培养起毅力和自律能力的人**拓展了他们的视野**。他们所能够取得的业绩的范围扩大了，从而为实现伟大的物质和精神成就打开了大门。

自我实现和幸福来自挑战和成就：

"能力叫嚷着要求被使用，只有当它们真的被使用时，它们才会停止叫嚷。"

——亚伯拉罕·H. 马斯洛（Abraham H.
Maslow），

《**存在心理学探索**》（*Toward a Psychology
of Being*）

（Wiley 出版社，1968 年版）

"正如人们所言：就我们内在的潜能而言，我们做得越多，就越能利用我们的全部能力。"

——泰勒·本-沙哈尔（Tal Ben-Shahar），
《幸福的方法：天天快乐和恒久满足的秘密》
（*Happier:Learn the Secrets to Daily Joy and Lasting Fulfillment*）
（麦格劳-希尔出版社，2007 年版）

"当一个人在自愿的情况下，为完成某项困难而有价值的事业鞠躬尽瘁地努力，把身体或心灵应用至极限时，最美妙的时刻便出现了。"

——米哈里·契克森米哈赖（Mihaly Csikszentmihalyi），
《心流》（*Flow*）
（Harper Perennial 出版社，1991 年版）

结　束

你真的别无选择。

在 21 世纪的今天，如果你想生存下去，更不用说成功地生存下去，那么，你就要做最好的自己。而这就意味着，你必须培养你的毅力和自律能力，以便应对生活中的机遇和所遭遇的任何挫折。

毅力只不过是你在所面临的竞争压力下采取适当行动的能力。好在不管你面临的挑战和机会是什么，你都可以调动你的毅力，去达成自己的目标。

我们希望这本书能够为你提供一些观念，帮助你培养起自己的毅力。

更多信息，请访问我们的网站。同时，欢迎你随时给我发电子邮件。信箱地址：jrandel@theskinnyon.com。

收到你的来信，我将会很高兴。

最诚挚的祝福。

吉姆·兰德尔

推荐阅读

以下是写作本书时的部分参考书目：

A Guide to Rational Living, Ellis and Harper (Wilshire Book Company, 1961)

A New Earth: Awakening to Your Life's Purpose, Eckhart Tolle(Plume, 2005)

Bird by Bird, Anne Lamott (Anchor Books, 1995)

Discipline: Six Steps to Unleashing Your Hidden Potential, Harris Kern (1st Books, 2001)

Discipline: Training the Mind to Manage Your Life, Hanris Kern Karen and Willi(1st Books, 2002)

Do You! 12 Laws to Access the Power in You to Achieve Happiness and Success, Russell Simmons (Gotham, 2007)

Emotional Intelligence, Daniel Goleman (Bantam Books, 1994)

Flow: The Psychology of Optimal Experience, Mihaly Csikszentmihalyi (Harper Perennial, 1991)

Getting It Done: The Transforming Power of Self-Discipline, Andrew DuBrin (Pacesetter Books, 1995)

Happier: Learn the Secrets to Daily Joy and Lasting Fulfillment, Tal Ben-Shahar (McGraw-Hill, 2007)

How to Get Control of Your Time and Your Life, Alan Lakein(Signet, 1973)

In Pursuit of Excellence, Terry Orlick (Human Kinetics, 2000)

Leading with the Heart, Mike Krzyzewski (Warner Books, 2000)

Man's Search for Meaning, Viktor E.Frankl (Simon & Schuster, 1946)

Mind Gym : An Athlete's Guide to Inner Excellence, Gary Mack and David Casstevens (McGraw-Hill, 2001)

Mindset: The New Psychology of Success, Carol S.Dweck (Ballantin Bookse, 2006)

On Writing, Stephen King (Scribner, 2000)

Seeds of Greatness, Denis Waitley (Pocket Books, 1983)

Self-Discipline in 10 Days: How to Go from Thinking to Doing, Theodore Bryant (HUB Publishing, 2004)

Self-Reliance, Ralph Waldo Emerson (1841)

Spark: The Revolutionary New Science of Exercise and the Brain, John Ratey and Eric Hagerman (Little, Brown & Company, 2008)

Success: Advice for Achieving rour Goals from Remarkably Accomplisheel People, Jena Pincott (Random House, 2005)

Success is a Choice, Rick Pitino (Broadway, 1997)

The Black Swan, Nassim Nichoas Taleb (Random House, 2007)

The Brain that Changes Itself, Norman Doidge (Penguin, 2007)

The Creative Habit, Twyla Tharp (Simon & Schuster, 2003)

The Dip: A Little Book that Teaches You When to Quit (And When to Stick), Seth Godin (Penguin, 2007)

The Magic of Thinking Big, David J. Schwartz (Simon & Schuster, 1959)

The New Toughness Training for Sports, James E. Loehr (Plume, 1995)

The Power of Full Engagement: Managing Energy, Not Time, Is the Key to High Performance and Personal Renewal, Jim Loehr and Tony Schwartz (Free Press, 2003)

The Power of Intention, Waynew. Dyer (Hay House, 2004)

The Power of Now: A Guide to Spiritual Enlightenment, Eckhart Tolle (Namaste, 1999)

The Power of Positive Thinking, Norman Vincent Peale (Fawcett, 1952)

The Practicing Mind: Bringing Discipline and Focus into Your Life, Thomas N.Sterner (Mountain Sage, 2006)

The Science of Self-Discipline (CD), Kerry L. Johnson (Nightingale-Conant, 1995)

The 7 Habits of Highly Effective People, Stephen R.Covey (Simon & Schuster, 1989)

The Success Principles, Jack Canfield (HarperCollins, 2005)

The Tops Way to Weight Loss, Howard J.Rankin (Hay House, 2004)

The Way to Wealth in Action, Brian Tracy (Entrepreneur Press, 2007)

Think and Grow Rich, Napoleon Hill (Fawcett, 1937)

Tiger Woods: How I Play Golf (Sphere, 2001)

Toward a Psychology of Being, Abraham H.Maslow (Wiley, 1968)

True Success: A New Philosophy of Excellence, Tom Morris (Berkley, 1994)

Understanding Motivation and Emotion, Johnmarshall Reeve (Wiley, 2008)

Unleash the Warrior Within: Develop the Focus, Discipline, Confidence, and Courage You Need to Achieve Unlimited Goals, Richard Machowicz (Perseus, 2000)

Unlimited Power: The New Science of Personal Achievement, Anthony Robbins (Fireside, 1986)

Welcome to Your Brain, Aamodt and Wang (Bloomsbury, 2008)

Will: The Autobiography of G. Gordon Liddy, G. Gordon Liddy (Macmillan, 1991)

William James: In the Maelstrom of American Modernism, Robert Richardson (Houghton Mifflin, 2008)

Willpower, Gillian Riley (Vermillion, 2003)

Willpower and Self-Discipline, Remez Sasson (successconsciousness.com, 2007)

Willpower is Not Enough, A. Dean Byrd and Mark D. Chamberlain (Deseret, 1995)

Your Erroneous Zones, Wayne w.Dyer (Avon, 1995)

Zen and the Art of Happiness, Chris Prentiss (Power Press, 2006)